Dear Dayna,

I wish you a wonderful Christmas.

I hope this book can answer all your questions about Heidelberg's history that I couldn't answer as a tour guide.

It was so wonderful to have you here.

Love you,
Lina

Susanne Fiek

Heidelberg

Bilder, die Geschichten erzählen

 Wartberg Verlag

Susanne Fiek, geb. 1963, lebt seit Kindesbeinen in Heidelberg. Sie ist als Gästeführerin tätig und gründete 2002 die Agentur „event & event..chen Heidelberg".

Viele Bilder – viel Dank!

Der vorliegende Bildband konnte in diesem Umfang nur verwirklicht werden mit der großen Mithilfe und Unterstützung der im Folgenden benannten liebenswerten Heidelberger:
Günther Berger, Diana Weber und Beate Ellbrück vom Heidelberger Stadtarchiv – nicht nur für jedwede Unterstützung, ganz besonders aber für ihre freundliche Geduld!!!
Kurt Cerdini mit seinem unschätzbaren Wissen über so Manches in der Stadt und seinem privaten Bildarchiv, aus dem eine Vielzahl der Bilder stammt. Gustav und Hella Knauber, Stadtteilverein Rohrbach; Wolfgang Essig, Stadtteilverein Pfaffengrund; Philipp Körner, Stadtteilverein Kirchheim Walter Petschan, Stadtteilverein Wieblingen; Eugen Holl, Martin Dünkel und Gerhard Genthner, Stadtteilverein Handschuhsheim; Inge Layer, Sparkasse Heidelberg; Michaela Martin, Volksbank Kurpfalz H+G Bank; Uwe Hinzpeter, Rhein-Neckar-Verkehr GmbH; Dr. Michael Braun, Reichspräsident Friedrich-Ebert-Gedenkstätte; Thomas und Gabriele Morr, Stadtteilverein Bergheim

Zum Titelbild:

Eisverkauf-Wagen an der Alten Brücke in der Neuenheimer Landstraße, Fotograf nicht bekannt, Bildmotiv abgedruckt in Heidelberger Fremdenblatt 1. Aprilheft 1954

Bildnachweis

Buchrückseite
Stadtarchiv: Mitte links, oben (Ballarin); Kurt Cerdini: Mitte; Stadtteilverein Rohrbach: Rechts unten; Stadtteilverein Kirchheim: Rechts Mitte.

Innenteil
Stadtarchiv: S. 9, 10, 12 (oben), 13, 16, 17, 18 (rechts), 19, 20, 21, 22, 23, 24, 40, 41, 42, 43, 44, 46, 48 (unten) 50, 51, 52, 53, 54 (oben), 64, 65, 66 (Ballarin), 67, 68, 70, 71; Archiv der Rhein-Neckar-Verkehr GmbH: S. 4, 5, 6, 7, 8, 14 (unten); Archiv Kurt Cerdini: S. 11, 12 (unten), 14 (oben), 45, 47, 48 (oben), 49, 54 (unten), 69; Stadtteilverein Rohrbach: S. 3, 25, 26, 27; Stadtteilverein Kirchheim: S. 28, 29, 30, 31, 33, 34 (unten); Stadtteilverein Pfaffengrund: S. 35, 36 (oben), 37; Stadtteilverein Bergheim: S. 39; Stadtteilverein Wieblingen: S. S. 55, 57, 56, 58, 59; Stadtteilverein Handschuhsheim: S. 60, 61, 62, 63; Archiv Volksbank Kurpfalz H+G Bank e.V.: S. 15; Wolfgang Essig: S. 36 (unten), 38; Susanne Kahlig: S. 18 links; Alfred Volk: S. 32 (oben), 34 (oben); Walter Spiegel: S. 32 (unten);

1. Auflage 2013
Alle Rechte vorbehalten, auch die des auszugsweisen Nachdrucks und der fotomechanischen Wiedergabe.
Satz und Layout: Designbüro Gerald Halstenberg, Berlin
Druck: Bernecker MediaWare AG, Melsungen
Buchbinderische Verarbeitung: Buchbinderei S. R. Büge, Celle
© Wartberg Verlag GmbH & Co. KG
34281 Gudensberg-Gleichen, Im Wiesental 1
Telefon: 0 56 03 - 9 30 50
www.wartberg-verlag.de
ISBN 978-3-8313-2259-6

Grußwort

Das Stadtbild von Heidelberg hat sich im Zuge einer langen Geschichte immer wieder verändert. Vor allem im 19. und 20. Jahrhundert und bis in die heutige Zeit hinein haben zahlreiche bauliche Veränderungen den Weg Heidelbergs von der seit mehr als 300 Jahren unzerstörten ehemaligen kurfürstlichen Residenz zur modernen Großstadt und zum weltweit anerkannten und bedeutsamen Wissenschaftsstandort begleitet und vielen Quartieren in der historischen Altstadt, aber auch in den übrigen Stadtteilen, häufig ein neues Gesicht gegeben. Damit wir die Vergangenheit nicht ganz aus dem Auge verlieren, möchte dieser Bildband uns in Erinnerung rufen, wie Heidelberg und seine Stadtteile noch vor einigen Jahrzehnten ausgesehen haben. Das ist sicherlich nicht nur für die Bewohnerinnen und Bewohner Heidelbergs sehr interessant, sondern auch

für die vielen Gäste, die uns jährlich besuchen, und für alle, die sich unserer traditionsreichen, aber hoch modernen Stadt freundschaftlich verbunden fühlen. Ich freue mich deshalb über diesen Beitrag, die Erinnerung an das Vergangene aufrechtzuerhalten und danke allen, die die Herausgabe dieses Buches ermöglicht haben. Ich wünsche dem Bildband viele interessierte Leserinnen, Leser und Betrachter.

Ihr

Dr. Eckart Würzner
Oberbürgermeister von Heidelberg

Heidelberg im Wandel

Die weltberühmte Schlossruine und die zu ihren Füßen liegende Altstadt – zu Recht sind die Heidelberger stolz auf die Schönheit ihrer Stadt. Doch Heidelberg ist mehr, sind es doch die Stadtteile, in denen die meisten Heidelberger leben, die den einzigartigen Charme unserer Stadt ausmachen. Die Altstadt selbst hat sich in den letzten 100 Jahren zwar verändert, aber nicht grundsätzlich gewandelt und blieb von den Bomben und Zerstörungen des Zweiten Weltkriegs weitgehend verschont. Betrachten wir Heidelberg als Ganzes, dann zeigt sich, dass die Stadt nach 1945 in manchen Teilen ein neues Stadtbild erhalten hat. Diesen Wandel mit historischen Fotos zu zeigen, ist ein Anliegen dieses Bildbandes.

Mit der Eingemeindung Neuenheims 1891 begann Heidelberg sich auszudehnen. Der letzte neu hinzugewonnene Stadtteil ist der Luftkurort Ziegelhausen im Jahre 1971. Dazwischen entstanden ganz neue Stadtteile wie 1919 der Pfaffengrund, 1962 der Boxberg und 1971 der Emmertsgrund. Schlierbach, Bergheim und die Weststadt lagen dem Stadtteil Altstadt am nächsten, die Südstadt brachte ab den 1930er-Jahren die Verbindung von Weststadt und Rohrbach.

Blättern Sie sich durch das Heidelberg, an das Sie sich erinnern, die Orte, an denen Sie selber oft waren oder von denen Sie gehört haben. Vielleicht hört man ja das eine oder andere: „Ach Gott, do, des isch lang her ...!"

Herzlichst,
Ihre Susanne Fiek

Was uns verbindet

Die Busse und Bahnen der HSB, der Heidelberger Straßen- und Bergbahn Gesellschaft, verbanden seit dem 13. Mai 1885 Heidelberg und die umliegenden Dörfer und Gemeinden. Zunächst waren es noch Pferde, die die Bahnen zogen, aber schon 1901 fuhr die erste elektrische Bahn von Heidelberg nach Wiesloch, Anfang Oktober 1902 war die Ära der Pferdebahnwagen beendet.

Von da an bis zum heutigen Tage wurde das Liniennetz in und um die Stadt stetig weiter ausgebaut, sodass man in Heidelberg auch ohne eigenes Auto bestens angebunden ist. Busse und Bahnen der HSB fahren heute übrigens im Dienste der Rhein-Neckar-Verkehr GmbH, kurz RNV.

Um 1976

Die Hauptstraße

Bis Anfang Juli 1976 fuhren die Straßenbahnlinie 1 und 2 durch die komplette Hauptstraße bis hin zum Karlstor am östlichen Ende der Altstadt. Es war die am stärksten frequentierte Strecke, die zugunsten der Fußgängerzone – übrigens mit 1,6 km Länge die längste in Deutschland – aufgegeben wurde. Auf diesem Foto ist der Beginn der Hauptstraße mit der Einmündung der St.-Anna-Gasse auf der rechten Seite zu sehen, die zweigleisige Bahnstrecke, Gehwege auf beiden Seiten und Autoverkehr – „die, wo es net kenne, kenne's kaum glaawe …"

In Kirchheim

Um 1960

Die Straßenbahnlinie 6 fuhr bis September 1972 über die Eisenbahnbrücke und die Bürgerstraße nach Kirchheim. Innerorts war alles, wie man erkennen kann, recht beengt und nach heutigen Sicherheitsstandards nicht mehr vorstellbar. Erst Ende 2006 wurde die neu gebaute Strecke vom Bismarckplatz nach Kirchheim in Betrieb genommen: die Linie 26.

In Handschuhsheim

Der Wagen, der auf dieser Aufnahme zu sehen ist, stellt nicht nur für Eisenbahnfreunde eine Besonderheit dar: Das Foto zeigt den ersten modernen Gelenktriebwagen, der der HSB 1957 als Leihfahrzeug der Bochum-Gelsenkirchener-Straßenbahn zur Verfügung gestellt wurde. Drei Jahre später fuhr der gleiche Typ dann auch auf Heidelbergs Schienen. Im Hintergrund die Tiefburg.

1957

Im Pfaffengrund

Die Linie 2 auf ihrem Weg durch die Eppelheimer Straße im Pfaffengrund mit dem Gaskessel, der 1985 abgebaut wurde, im Hintergrund. Schon kurz nach dem Ersten Weltkrieg war die Strecke nach Eppelheim ausgebaut worden.

Um 1960

Die Bergbahn(en)

Die weltberühmte Schlossruine war seit jeher Anziehungspunkt für Touristen – Reisende auf der „Grand Tour" – und in Heidelberg überlegte man sich früh, wie die Gäste modern und komfortabel auf den Berg gebracht werden konnten. Der Bau zum „liebsten Kind der Heidelberger auf Schienen" wurde bereits in den 1880ern beschlossen. 1890 konnte dann nach fast zweijähriger Bauzeit die untere Strecke der Bergbahn in Betrieb genommen werden. Von der Stadt über das Schloss hinauf zur Molkenkur, dem schon zur damaligen Zeit beliebten Ausflugsziel oberhalb des Schlosses auf dem Jettenbühl, führt der erste Abschnitt der Bahn.

Die erste Bergbahn

Die Talstation des unteren Bergbahnabschnittes mit Wagen 1 der ersten Fahrzeuggeneration, die bis 1961 genutzt wurde. Die Heidelberger Bergbahn war von Anbeginn an eine Erfolgsgeschichte, und so fiel schon im Jahre 1905 die Entscheidung zum Bau der zweiten Strecke, die 1907 eingeweiht werden konnte.

Um 1955

Bauarbeiten obere Bahn

Die Aufnahme entstand während der Bauarbeiten 1905–1907. Die damals in Betrieb genommene Bahn legte die knapp einen Kilometer lange Strecke von der Molkenkur bis zum Königstuhl mit einer Geschwindigkeit von zwei Metern pro Sekunde zurück und wurde von Anfang an elektrisch betrieben. Der Antrieb der unteren Sektion wurde 1907 von Wasserballast auf Elektrizität umgerüstet.

1905

Station Molkenkur

„Ski und Rodel auf dem Königstuhl und Kohlhof gut!" Auf dem Weg zu Schnee- und Skifreuden hoch über der Stadt nutzten die Heidelberger ihre Bergbahn mit doppeltem Vergnügen. Übrigens: im Zuge der letzten großen Sanierungsarbeiten wurde diese „alte Dame" liebevoll beim Originalhersteller in der Schweiz renoviert und erhielt dabei neben allen erforderlichen Sicherheitsergänzungen für den Komfort der Fahrgäste im Winter eine Heizung. Eine Klimaanlage für den Sommer gab es allerdings nicht: damals wie heute kann man die Fahrt bei geöffneten Fenstern genießen.

Um 1955

Die untere Bahn

Rund 40 Jahre war dieses Modell in Betrieb, bis es 2005 durch eine neue Bahn mit modernen Sicherheitsstandards ersetzt wurde.

Um 1999

Altstadt

1196 das erste Mal urkundlich erwähnt, ist Heidelberg, dieser unter dem Schloss gelegene Ort am Austritt des Neckars in die Rheinebene, um einiges jünger als so manche seiner später eingemeindeten Stadtteile. Aber sehen wir es doch einmal realistisch: Wahrscheinlich ist es einfach nur so, dass noch kein Wissenschaftler auf ein Dokument gestoßen ist, welches Heidelberg ein mindestens ebenso hohes Alter bescheinigt, wie den ehemals umliegenden Gemeinden, die nun ein Teil des großen Ganzen sind. Von den Zerstörungen des Zweiten Weltkrieges weitgehend verschont, wurde das Erscheinungsbild Heidelbergs ab der Nachkriegszeit an vielen Stellen gewaltig „nachgepinselt".

Um 1955

Nahezu unverändert scheint die Aussicht von der Ziegelhäuser Landstraße auf die Altstadt mit der Heiliggeist- und Jesuitenkirche. Beim genauen Betrachten erkennt man jedoch den alten Turm der Peterskirche vor dem „Aufsetzen" der Kuperhaube in den frühen 1960er-Jahren – und natürlich das Pferdefuhrwerk mitten auf der Alten Brücke.

Das Elisabethentor im Stückgarten

Der Weg zum Elisabethentor mit Fahnen gesäumt im Rahmen der seit 1951 stattfindenden „Heidelberger Blumentage" auf dem Schloss.

Der vordere Universitätsplatz

Der Universitätsplatz war damals wie heute ein Dreh- und Angelpunkt in der Heidelberger Altstadt. Zugeparkt mit Autos und die Hauptstraße befahren, können die, „die wo" diese Situation nicht erlebt haben, sich das Gedränge kaum mehr vorstellen. Telefonzellen, öffentliche Toiletten unter dem Platz und ein „Informationsständer" wirken wie aus einer anderen Zeit …

Vor 1978

Nebel über dem Jettenbühl

Der Blick vom Turm der Heiliggeistkirche zeigt Richtung Osten das Schloss und rechts darunter den um 1970 errichteten Neubau der Talstation der Bergbahn mit integriertem Parkhaus und Hotel „owwe druff".
Zwischen Rathaus und dem Ende der Ingrimstraße tut sich der Kornmarkt auf, in der Mitte die von Peter van den Branden zu Beginn des 18. Jahrhunderts erschaffene Madonna mit Brunnen und auf der westlichen Seite, eine Baulücke mit „schwarzem Kasten" rechter Hand. Hier stand das 1788 eröffnete Hotel „Prinz Carl", das 1978 abgerissen wurde und von dem nur der kostbare Spiegelsaal bewahrt werden konnte.

Um 1978

Das Karlstor

Bis 1978 befand sich die Endhaltestelle der Straßenbahn durch die Hauptstraße am Karlstor am östlichen Ende der Altstadt. Im rechten hinteren Teil des Bildes entdeckt man die alte Herrenmühle, deren Mühlbetrieb 1962 nach rund 600-jähriger Geschichte eingestellt wurde. Der Gebäudekomplex brannte 1972 komplett ab und wurde 1975 durch einen durchaus gelungenen Neubau ersetzt, der sich von seiner Gestaltung und Optik her in das Bild der Altstadt fügt.

1958

Hochwassersperre

Wer in der Altstadt lebt und arbeitet, muss immer wieder mit Hochwasser rechnen. Auf diesem Foto versucht man dem drängenden Wasser des Neckars auf Höhe der Tankstelle Seppich, der Dreikönigstraße und der Lauerstraße Einhalt zu gebieten.

Um 1980

Die Reichspräsident Friedrich-Ebert-Gedenkstätte

1871 wurde in der Pfaffengasse der spätere erste demokratisch gewählte Präsident der Weimarer Republik geboren: Friedrich Ebert. Nach seinem frühen Tod im Jahre 1925 wurde sein Leichnam nach Heidelberg überführt, wo er auf dem Bergfriedhof seine letzte Ruhestätte fand. Schon 1960 gab es Bestrebungen, eine Gedenkstätte zu seinen Ehren zu errichten. Nach dem Zukauf umliegender Gebäude, grundlegendem Umbau und liebevoller Sanierung konnte 1989, 70 Jahre nach seiner Wahl zum Reichspräsidenten, die Friedrich-Ebert-Gedenkstätte eingeweiht werden. Die Aufnahme zeigt den damaligen Ministerpräsidenten von Nordrhein-Westfalen, Johannes Rau, mit seiner Gattin Christina bei einem Besuch während der Bauarbeiten.

1988

13

Das Hölderlingymnasium

Die alte Turnhalle der 1877 gegründeten Höheren Töchterschule an der Ecke der Friedrich-Ebert-Anlage zur Märzgasse. Um 1943 erhielt das Gymnasium den Namen Friedrich Hölderlins, jenem Dichter, der tief beeindruckt von der Schönheit Heidelbergs, die ihn an die Orte seiner Jugend erinnerte, der Stadt in einigen seiner Werke ein unsterbliches literarisches Denkmal setzte. Aufgenommen wurde dieses Bild vom ehemals gegenüberliegenden Bunsendenkmal, das heute im Anatomiegarten steht.

Vor 1978

Am Anatomiegarten

Der Blick in die Hauptstraße, aufgenommen am Anatomiegarten, dokumentiert die enge Verkehrssituation vor 1978, lässt aber auch die Erinnerung an Läden und Wirtschaften, wie die Karlsburg links von der „Bembel", aufleben.

Um 1975

Die Handels- und Gewerbebank

An der Ecke Hauptstraße zur Akademiestraße befindet sich bis zum heutigen Tag die Hauptgeschäftsstelle des 1858 gegründeten „Heidelberger Vorschussvereins", aus dem 1870 dann die „Gewerbebank" und schließlich 1919 die im ganzen Heidelberger Gebiet bekannte „Handels- und Gewerbebank", kurz H+G Bank wurde.

Das rechts neben der Bank gelegene Hotel „Roter Hahn" wurde im Jahr 1900 eröffnet und 1991 geschlossen. Die Bank erwarb im Anschluss das Haus und integrierte es in ihre Renovierung: herausgekommen ist einer der schönsten sanierten Gebäudekomplexe der Heidelberger Altstadt.

Boxberg

Bereits in den 1930er-Jahren gab es auf dem Boxberg einen von den Rohrbachern angelegten Waldsportplatz, und spätestens in den 1950er-Jahren hatte man begonnen, genaue Pläne für die Bebauung dieses Teiles von Heidelberg auf „der Sonnenterrasse des westlichen Königstuhlhangs", so Günter Heinemann, zu erstellen. Dieses mitten in der Natur zwischen Waldrand und Streuobstwiesen liegende Areal sollte auf ca. 55 Hektar 6000 Familien genug Raum für neue Wohnungen und Häuser geben. 1962 zogen die ersten Bewohner ein und von da an war stetes Wachstum gegeben.

Die Nähe des Waldes zog die Boxberger an freien Tagen zum Wandern zu den schönsten Ausflugszielen wie dem Bierhelder oder dem Lingenthaler Hof. Wer es weiter schaffte, marschierte womöglich zu den Drei Eichen über Posseltslust bis zum Kohlhof. Diese Tour war besonders im Winter ein beliebtes Ziel: Kinder wurden mit ihrem Schlitten von wohlwollenden Großeltern hochgezogen und konnten die wunderbar verschneiten Waldwege oft in einem Rutsch wieder zurückrodeln. Heiße Heidelberger Sommer waren auf dem Boxberg besser zu ertragen als in der Altstadt mit ihren engen Gassen: meist war es bis zu vier Grad angenehm kühler an den Hängen im Wald über der Stadt.

Die Forstquelle (links)

Das erste Hochhaus, das auf dem Boxberg bezogen werden konnte, lag in der Forstquelle. Etwas unterhalb davon führt die Berghalde nach Norden hin zum Kühlen Grund. Läuft man diesen steil hinunter, kommt man mitten im Herzen Rohrbachs, einem der alten Stadtteile Heidelbergs, heraus.

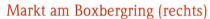

1969

Markt am Boxbergring (rechts)

Während der ersten Jahre gab es auf dem Boxberg noch keine „richtigen" Geschäfte und Läden. Entlang der Straße Boxbergring wurde einmal in der Woche ein Markt mit frischem Obst, Gemüse und Blumen abgehalten. Für die kleinen Boxberger Mädchen wurde es jedes Mal spannend, wenn der Markt abgebaut wurde und abgebrochene Blüten auf dem Boden zurückblieben, die sie für ihre Mütter als Geschenk aufsammeln konnten. Im Hintergrund sieht man hier das zwölfstöckige Hochhaus Boxbergring 10.

1967

17

Auf los!

Ein großes Ereignis war jährlich im Hochsommer das „Seifekischdelrennen". Die ideale Hanglage des Boxbergrings machte ihn zur Rennstrecke par excellence: die Kisten wurden gemeinsam an einem Seil den Berg hinaufgezogen und die Strecke zu beiden Seiten mit Strohballen „befestigt". Es gab mehrere Durchgänge, bis schließlich mit großem Tamtam der Sieger gekürt wurde. Auf dem Foto sieht man, dass sogar ein von der HSB gesponserter Wagen mit an den Start ging. Wie aufregend es gewesen sein muss, wenn auch nur für ganz kurze Zeit, den Platz des tolldreisten jungen Fahrers einzunehmen. Dass das der kleinen Boxbergerin damals nicht geheuer war, kann man ganz klar von ihrem Gesicht ablesen …

Das IDUNA

Ende der 1960er-Jahre bekam der Boxberg ein Einkaufszentrum: das IDUNA. Alles was man brauchte, war dort zu finden: Blumen Woche, Schreibwaren Dalmann, Drogerie Thomas, der „Ochsenfrosch", eine Apotheke, eine Post, ein Kurzwarenladen, ein Schuhgeschäft, das Eiscafé Etna, bei dem man am Seitenfenster für einen 10er eine Kugel Eis bekam. Und um alles zu toppen, es gab obendrein ein „Gourmet"-Restaurant, das aber eigentlich nur für seine Steaks in dunklem Ambiente bekannt war …

Am Götzenberg

Um den anwachsenden Verkehr über den Kühlen Grund und den Steigerweg einzudämmen, bekam der Boxberg eine eigene Zufahrt. Im linken oberen Teil des Bildes erkennt man die im Bau befindli-che katholische Kirche St. Paul, die aufgrund ihrer nach oben hin geöffneten Form später „Halleluja Trichter" genannt werden wird.

Emmertsgrund

Südlich an den Boxberg angrenzend entstand seit Beginn der 1970er-Jahre der bis dato jüngste Stadtteil Heidelbergs – der Emmertsgrund. Den Zuschlag für Planung und Gestaltung erhielt das Münchner Büro von Professor Fred Angerer und Freiherr von Branca. Man verfolgte ein städtebauliches Konzept für eine Großsiedlung, in der etwa 11 000 Menschen leben sollten. Diese Traumquote wurde jedoch nie erreicht und lag bisher immer weit unter 10 000 Heidelbergern, die es auf den Berg zog.

1969

Die Väter des Emmertsgrundes

Der Architekt Professor Fred Angerer und der Sozialpsychologe Professor Alexander Mitscherlich vor dem Modell für das neue Heidelberger Wohngebiet Emmertsgrund.

Es war einmal …

Vormals galt der Emmertsgrund am südwestlichen Hang des Königstuhls mit Wald- und Streuobstwiesen als eine der herrlichsten Idyllen im Stadtgebiet. Die sich in unmittelbarer Nachbarschaft in Richtung Leimen befindlichen Heidelberger Weinlagen Dachsbuckel und Dormenacker lassen noch annähernd erahnen, welch ländliche Schönheit hier einst zu finden war.

1969

Ein Stadtteil entsteht

Die Bebauung ging mit schnellen Schritten voran, wie an der gerade angelegten Otto-Hahn-Straße, die am Mombertplatz im vorderen Teil des neuen Stadtteils in die Straße „Im Emmertsgrund" mün- dete. Kurz nach dem zweiten Knick der Straße bergabwärts sollte an der Kreuzung die große Aral- Tankstelle gebaut werden.

Schnelles Wachstum

Die entstehenden Wohnblocks und kleineren Häuser in der vorderen westlichen Grenze zu den abfallenden Hängen nach Rohrbach-Süd hin, zeichnen sich durch einen prächtigen Blick auf die ihnen zu Füßen liegende Rheinebene aus. Schnell war man durch die schönen Weinberge nach Rohrbach gelaufen.

Ein neues Wohngefühl

Die Emmertsgrundpassage ist der, wie von den Architekten geplante, verkehrsfreie Teil des ersten vorderen Abschnittes: Läden, Spiel- und Grünflächen mitten im Betonkomplex.

Rohrbach

In einem kühlen Grunde
da geht ein Mühlenrad;
Mein' Liebste ist verschwunden,
Die dort gewohnt hat.

Mit diesem 1808 von Joseph von Eichendorff geschriebenen Gedicht, das 1814 von Friedrich Glück vertont wurde, erlangte der Heidelberger Stadtteil Rohrbach eine große Berühmtheit weit über seine eigenen und Heidelbergs Grenzen hinaus.

Rohrbach ist einer der ältesten Heidelberger Stadtteile und gehört seit 1927 zu Heidelberg. Landwirtschaft und Weinbau, aber auch die Hänge des Königstuhls mit ihrem reichen Waldbestand, in denen viele Rohrbacher eine Arbeit fanden, verliehen dem Ort und späteren Stadtteil bis weit ins 20. Jahrhundert hinein sein typisch beschauliches und an manchen Ecken ländliches Gesicht.

Das idyllische ...

Die Straße Am Müllenberg „nuff zus" in Richtung Kühler Grund. Vorn rechts im Bild ist „die Bach" zu sehen, die 1965/1966 verdohlt, sprich eingerohrt wurde. Die alte Dame, die den Kinderwagen schiebt, und dabei von zwei Buben betrachtet wird, konnte von älteren Rohrbachern eindeutig als die „Rosine von Hoffmanns" erkannt werden.

Ca. 1950

... alte Rohrbach

Der Blick vom Kühlen Grund auf die evangelische Melanchthon-Kirche mit den Häusern vor der Kirchenmauer, die in den 1960er-Jahren abgerissen wurden. Rechts geht es hinunter zum Müllenberg, links zum Bierhelder Weg.

Um 1955

Rohrbach Markt

Die Rathausstraße mündet auf dem Foto in die Karlsruher Straße direkt am Rohrbach Markt, dem Verkehrsknotenpunkt im Süden Heidelbergs. Im Hintergrund sind die noch unbebauten Wiesen und Hänge des Boxbergs zu erkennen, ebenso die alte katholische Kirche in ihrer ganzen Größe (rechte Seite der Rathausstraße). 1965 hat man den Turm abgetragen und nutzt das Gebäude seitdem als Gemeindehaus.

Die Rohrbacher Rathausstraße

„Die" Bach bot den Rohrbacher Kindern an warmen Sommertagen eine herrliche Abkühlung mitten im Dorf. Das Gitter im Vordergrund gehörte zu der Drogerie Cramer, daneben lag das Wirtshaus „Zum Goldenen Hirsch". Angeschnitten auf der linken Seite entdeckt man noch die Mikwe, das traditionelle jüdische Tauchbad, das im Rahmen der Verrohrung „der Bach" abgerissen wurde.

26

1966

Bierhelderhof

Eine Idylle oberhalb Rohrbachs findet man auf dem Ameisenbuckel, unterhalb des Königstuhls: den Bierhelderhof. Der sonntägliche Spaziergang durch den Wald zum Bierhelderhof war gerade für junge Boxberger Familien in den 1960er- und 1970er-

Jahren Pflichtprogramm. Man genoss Hausmanns- kost, selbst gekelterten Apfelmost, die gute Luft, und rechtzeitig zu Bonanza war man wieder zu Hause. Links im Hintergrund sieht man die neuen Bauten des Max-Planck-Instituts für Kernphysik.

Kirchheim

Mit einer Grundfläche von 1530 Hektar ist Kirchheim der größte der 15 Heidelberger Stadtteile und gehört zu den ältesten. Anfang des 20. Jahrhunderts, als mehrere Dörfer nach Heidelberg eingemeindet werden sollten, hatten die Kirchheimer daran nur wenig Interesse. Überlegungen gab es zwar schon gegen Ende des Ersten Weltkrieges, vollzogen wurde dieser Schritt jedoch erst im Jahre 1920.

Eins war den Kirchheimern jedoch ganz wichtig: im Eingemeindungsvertag steht unter § 14, dass „das Kirchweihfest auch in Zukunft erhalten bleiben solle". Man wusste eben immer schon zu feiern!

Eine originelle Begebenheit in der Kirchheimer Historie ist, dass die „Kerschemer" sich mit den Rohrbachern nicht ganz grün sind, was umgekehrt übrigens genauso gilt. Zurückzuführen ist diese Reiberei auf einen alten „Wasserkrieg" zwischen beiden Gemeinden, der erst Ende der 1920er-Jahre beigelegt werden konnte. Geblieben sind die „Utznamen", die man sich gegenseitig verpasst hatte: die Kirchheimer waren die „Windbeutel" und die Rohrbacher die „Bacheber".

Heute ist das natürlich alles Geschichte, aber man sollte achtgeben, wo man einen solchen Necknamen fallen lässt ...

Pleikartsförster Hof

Besuchte man Mitte der 60er-Jahre des letzten Jahrhunderts die Aussiedlerhöfe um Kirchheim herum, wie den Pleikartsförster Hof im Norden des Stadtteils, der auf dem Foto zu sehen ist, fühlte man sich unversehens in eine andere Zeit versetzt, geprägt von Landwirtschaft und einfachem Leben.

Um 1965

Armyflughafen

Kurz nach Kriegsende 1945 wurde zwischen Kirchheim und dem Pfaffengrund dieser Flugplatz von den Amerikanern angelegt. Wollte man mit dem Auto, Fahrrad oder zu Fuß von Kirchheim über die Kreisstraße in den Pfaffengrund gelangen, konnte es durchaus passieren, dass eine Ampel auf Rot geschaltet wurde, eine Schranke sich senkte und kurz danach und praktisch unmittelbar vor der eigenen Nase ein Flugzeug landete oder startete.

Die Start- und Landebahnen wurden zwar inzwischen stillgelegt, der Flugplatz wird aber bis zum geplanten endgültigen Abzug der US-Army aus Heidelberg im Jahre 2015 als Heliport genutzt.

Bahnhof Kirchheim

1865 wurde Kirchheim an das Badische Eisen- bahnnetz angeschlossen und erhielt eine Bahn- station, welche etwas südlicher als das in den 1920er-Jahren erbaute Gebäude stand.

Um 1965

Die Kirchheimer Bahnhofsbrücke

Für viele Pendler zur Fuchs'schen Waggonfabrik war es der tägliche Weg „iwwer die Brick und hämzus wieder zurück". Abgerissen wurde dieser Fußgängerübergang 1983.

31

Harvester

Wer erinnert sich nicht an den markanten Schriftzug der International Harvester Company, an dem man auf dem Weg nach Kirchheim durch die Heinrich-Fuchs-Straße aus Rohrbach kommend unweigerlich vorbeifuhr? Harvester hatte 1958 die Heidelberger Waggonfabrik Fuchs und das dazugehörige Gelände übernommen und produzierte dort bis ca. 1985 unter anderem Mähdrescher und Baumaschinen.

Um 1965

Die Verkehrsschule

Wer in Kirchheim von der „Spinne" spricht, ist in der Regel kein ausgewiesener Kenner der regionalen Spezies von 8-beinigen Gliederfüßern, sondern meint einen Verkehrsknotenpunkt im alten Ortskern, an dem fünf wichtige Kirchheimer Straßen aufeinandertreffen. Direkt an der Spinne lag der Verkehrsübungsplatz, auf dem Heidelberger Kinder aus allen Stadtteilen auf die Tücken und Gefahren des Straßenverkehrs vorbereitet wurden. Besonders beliebt waren dabei die (Tret-)Autos, in denen man, weit entfernt von der Volljährigkeitsgrenze, über auf den Asphalt gepinselte Straßenverläufe rasen konnte.

Um 1965

32

Der Kirchheimer Wasserturm

Wassertürme wie der Kirchheimer schossen ab der Mitte des 19. Jahrhunderts in deutschen Städten beinahe wie Pilze aus dem Boden. Der fast schon zum Wahrzeichen gewordene „Kerschemer" Wasserturm stand von 1902 bis 1973 an der Ecke der Schwetzinger zur Alstater Straße.

Um 1965

Die Schwetzinger Straße

Blick auf das Gasthaus „Zum Goldenen Hirschen", dem ältesten Kirchheimer „Schildwirtshaus" aus dem Jahre 1764 in der Schwetzinger Straße mit der damaligen Endstation der Straßenbahnlinie 6.

1967

Beinahe wie eine Zeitreise

Und manchmal tauchte wie aus alten Zeiten ein Pferdefuhrwerk auf, wie an der Ecke Schwetzinger zur Odenwaldstraße. Im Hintergrund sind die Waldhänge über Rohrbach und der südliche Teil des Gaisbergs als Ausläufer vom Königstuhl zu erkennen.

1967

Pfaffengrund

Mit der zunehmenden Industrialisierung Ende des 19., Anfang des 20. Jahrhunderts machte sich in ganz Deutschland der genossenschaftliche Gedanke breit und es entstanden neue Siedlungen, um die Wohnungsnot zu mildern und modernen Wohnraum für die Menschen zu schaffen. So auch in Heidelberg. Schon vor Kriegsende 1918 begann man mit dem Bau einer Siedlung im Stil einer Gartenstadt, es entstand der Stadtteil Pfaffengrund.

Nach dem Zweiten Weltkrieg gewann der Pfaffengrund als Heidelberger Industriestandort zunehmend an Bedeutung. Bekannte Firmen wie der Stotz-Kontakt (heute ABB), Teroson (gehört zu Henkel) und Eltro, aber auch kleinere Unternehmen wie Schmitthelm, der zur damaligen Zeit in der Branche weltbekannte Hersteller für Hochleistungsventilfedern, hatten in Pfaffengrund ihre Produktionsstätten.

1955

Pfaffengrunder Äcker

Der Blick geht vom Gaskessel aus auf das Gelände der Obst- und Gartenbauschule am Diebsweg, heute die „Staatliche Lehr-und Versuchsanstalt für Gartenbau", die 1952 eingeweiht wurde. Im Hintergrund sind der „Ami-Flugplatz" und Kirchheim zu erkennen. Die Bahnlinie nach Schwetzingen wurde 1966 stillgelegt.

Leben um den Gaskessel

„Zwar grüßt uns're Mitte kein Schloss ins enge Tal. Doch uns'ren Kessel, den kennt man überall", reimte seinerzeit Altbürgermeister Josef Amann. 1951 erbaut, erhielt der Gaskessel im Volksmund den Spitznamen: „Der dicke Bergmeier", nach dem gleichnamigen Direktor der Heidelberger Stadtwerke.

Ein Wahrzeichen verschwindet

1985 wurde der Kessel, der 34 Jahre lang das Wahrzeichen Pfaffengrunds war, demontiert.

Um 1960

Hofansicht

Eine typische Idylle in der Gartenstadt.

Ein Blütentraum am Blütenweg

Ein wahres Blütenmeer erfreut nicht nur den Besitzer dieses herrlichen Balkons, sondern auch alle, die daran vorübergehen.

Übrigens, der Gestalter war vom Fach, gestatten: Wolfgang Essig, Gärtnermeister der Versuchsanstalt.

Bergheim und die Weststadt

Der Stadtteil Bergheim bildet gemeinsam mit der Altstadt die Innenstadt Heidelbergs und erstreckt sich entlang des Neckarufers. Heidelberg dehnte sich insbesondere ab der zweiten Hälfte des 19. Jahrhunderts weiter nach Westen aus. Schon 1840 entstand am Rande der Altstadt der neue Bahnhof der „Badischen Hauptbahn". 1877 kam eine zweite Neckarquerung nach der „Karl-Theodor-Brücke", die „Friedrichsbrücke" bzw. die heutige „Theodor-Heuss-Brücke" hinzu, und auch der rapid wachsende Raumbedarf der Kliniken und Forschungseinrichtungen der Universität verlangte nach Lösungen.

Die an Bergheim angrenzende Weststadt ist ein gründerzeitliches Vorstadtquartier und damit ein recht junger Stadtteil. Als Grenze Bergheims und der Weststadt kann man den alten, nicht mehr vorhandenen Bahnhof betrachten bzw. die heutige Kurfürstenanlage. Ihm verdankt die Weststadt quasi ihre Existenz, und im Jahre 1861 beschließt der Heidelberger Gemeinderat gar einen Erschließungsplan für das vom Bahnhof südlich gelegene neu zu bebauende Gebiet. Viele Eisenbahner fanden dort ein Zuhause, oft umgeben von Schrebergärten, in denen eine Vielfalt an Gemüse und Obstbäumen zu finden war. Die Früchte wurden zu Marmelade – „Mus" – verkocht, was der Weststadt (diese Bezeichnung entstand übrigens in den 1920er-Jahren) den Beinamen „Musebrotviertel" einbrachte.

An den südlichen Teil angrenzend wurde 1844 der Bergfriedhof nach Plänen des badischen Landschaftsarchitekten Johann Christian Metzger eröffnet. Schon vor dem Zweiten Weltkrieg setzte sich die Bebauung südlich des Friedhofs und westlich der Franz-Knauff-Straße gen Rohrbach hin fort – die Südstadt entstand und Heidelberg wuchs weiter zusammen.

Heidelberg wächst

Vom Gaisberg aus blickend sieht man im vorderen Mittelteil des Bildes den alten, 1955 abgerissenen Hauptbahnhof westlich der Rohrbacher und nördlich der Bahnhofstraße. Rechts davon am Neckarufer erheben sich die neuen Klinikgebäude und weiter flussabwärts die alte Bergheimer Mühle, gefolgt von den Anlagen der „Portland Cementwerke Heidelberg, Schieferdecker & Söhne OHG", aus der die heutige HeidelbergCement AG hervorging. Nach einem Brand im Jahre 1895 wurden die Produktionsstätten nach Leimen südlich von Heidelberg verlegt.

1884

Das Neckartal im Osten

Gaisberg, Königstuhl und die Heidelberger Altstadt sind gut im hinteren Bereich auszumachen, wobei man ganz vorn im Bild noch etwas „naggisch" den neu angelegten Römerkreis klar erkennt. Kurfürstenanlage und Bahnhofstraße verlaufen parallel Richtung Osten, dazwischen leeres Gelände, das mittlerweile ein zweites Mal bebaut wird – Grund ist die Asbestverseuchung der ersten Bauten aus den 1960er-Jahren.

Die „Schnellpresse"

Der Bahnhofsvorplatz, der heutige Willy-Brandt-Platz, mit freiem Blick auf die Heidelberger Druckmaschinen AG.

1956

Am Anfang der Rohrbacher Straße

Die Rohrbacher Straße, am Bismarckplatz beginnend und bis in die Heidelberger Südstadt führend, zeugt wie kaum eine andere vom Wandel des Bildes der Innenstadt in den letzten 60 Jahren. Heute gibt es nur noch das Hotel Tannhäuser in der Bergheimer Straße und den Bayrischen Hof am Anfang der Rohrbacher Straße – alle anderen Gebäude, die auf diesem Foto noch zu sehen sind, mussten modernen Objekten der 1960er- und 1970er-Jahre weichen.

Einige zentrale Bauten Heidelbergs, das von zwei Weltkriegen weitgehend verschont blieb, fielen in dieser Zeit der architektonischen „Neuorientierung" der damaligen Stadtväter zum Opfer – heidelberga deleta – und das ein zweites Mal nach 1693 ...

Parken, wo man heute nur davon träumen kann ...

1971

Aussicht vom Menglerbau mit der schönen alten Reichspost ganz rechts im Bild, die Ende der 1970er-Jahre einem Betonneubau weichen musste.

Es folgen der Horten, der Bismarckplatz und ein traumhafter Blick auf den Heiligenberg mit Neuenheim zu seinen Füßen.

Der Hettlage

Heidelbergs erstes Hochhaus, der Menglerbau, ist am linken Bildrand zu sehen, davor das Modehaus „Hettlage" – und das Beste: die vielen Parkplätze!

Auf der rechten Seite an der Einbiegung zur Poststraße liegt das altbekannte Wirtshaus „Zum Stall", heute immer noch ein schöner Biergarten mit mittlerweile großen Platanen.

Am Bismarckplatz

Blick auf den Bismarckplatz vom „Horten" aus gesehen.

Um 1978

Die Kraftanlagen

An der westlichen Seite des Bismarckplatzes zur Luisenstraße Ecke Bismarckstraße befand sich bis vor Kurzem die Hauptverwaltung der Kraftanlagen Heidelberg, welche danach in das neue Industriegebiet „Rohrbach-Süd" umsiedelte. An ihrer Stelle entstand die neue Atos-Klinik mit einer der besten orthopädischen Notfallambulanzen im südwestdeutschen Raum – passen Sie auf Ihre Knochen gut auf, aber für den Fall, dass Sie einmal „daneben"treten sollten, sind Sie hier in den allerbesten Händen.

1986

Auf nach Rohrbach

Auf fast leeren Straßen verlaufen die Schienen der Straßenbahnlinie 3 vom Heidelberger Zentrum nach Rohrbach, linker Hand die immer noch exis-tierende Shell-Tankstelle und rechts die Abbiegung in die Franz-Knauff-Straße, die zur Römerstraße und Richtung Hauptbahnhof hinführt.

Mitten in Bergheim

Um 1985

Westlich der Stadtbücherei und der ehemaligen Glockengießerei entstand das neue Gebäude der Polizeidirektion Heidelberg, die man als markanten Zacken genau in der Mitte des Bildes erkennt.

Am rechten Bildrand sieht man das alte Gebäude der Krehl-Klinik, die 2004 in den Neubau im Neuenheimer Feld umgezogen ist.

Freier Blick nach Neuenheim

Durch die Karl-Metz-Straße kommend stieß man bis Mitte der 1980er-Jahre auf das ehemalige Hafengelände am Neckar. Auf der gut sichtbaren gegenüberliegenden Flussseite erkennt man die Kliniken des Neuenheimer Feldes.

Um 1985

An der Ecke zur ehemaligen Riedstraße

Eine Straße verändert sich: 1980 wurden die Straßenbahngleise in der Rohrbacher Straße unter Applaus der Anwesenden herausgerissen.

1980

Villa Julius

Zu sehen ist die alte Villa Julius, erbaut um 1922/1923, an der Häusserstraße Ecke Blumenstraße und benannt nach Dr. Paul Julius, Direktor der Badischen-Anilin und Sodafabrik. In den 1990er Jahren entstand auf diesem Gelände die neue Synagoge der jüdischen Gemeinde in Heidelberg.

1977

Das Fuchsenei

An dieser leeren Stelle im Vordergrund des Bildes befand sich ehemals das Werksgelände der Waggonfabrik Heinrich Fuchs, welche im Jahre 1902 nach Rohrbach umzog, und dessen ovale Form dem Gelände den Namen „Fuchsenei" gab.

1977

Neuenheim

Wegen seiner günstigen Lage am nördlichen Neckarufer war Neuenheim schon seit der Steinzeit ein bevorzugtes Siedlungsgebiet der „kurpfälzer Urahnen". Bis zum heutigen Tag tauchen bei Bauarbeiten Funde aus der Bronzezeit, der Kelten- oder der Römerzeit auf. Jahrhundertelang gingen Bauern, Winzer und Fischer in Neuenheim ihrem Ge-

werbe nach. 1891 wurde Neuenheim als erster Ort eingemeindet und zum Heidelberger Stadtteil.

Nun ging es im wahrsten Sinne des Wortes steil bergauf: am Philosophenweg entstand 1905 als erstes Universitätsgebäude auf der nördlichen Neckarseite das Physikalische Institut, der Botanische Garten zog 1915 ins

Neuenheimer Feld, und Anfang der 1930er-Jahre wurde die neue Chirurgische Klinik errichtet.

In den Jahren 1934/1935 bauten die National-sozialisten auf dem Heiligenberg zwischen den beiden Klöstern die „Thingstätte", ein Amphitheater, in dem zu Beginn 20 000 Besucher Platz fanden.

1975

„Neiene vun owwe"

Von den Hängen des Heiligenberges aus erkennt man rechts außen die Neuenheimer Johanneskirche an der Handschuhsheimer Landstraße und am südlichen Neckarufer die Stadtteile Bergheim mit dem Altklinikum und der Weststadt mit den Türmen der Bonifatius- und der Christuskirche. Ein schönes Fleckchen Erde, dieses Neuenheim ...

1978

Der Heidelberger Ruderklub

Von der Altstadtseite aus blickt man auf die Neckarwiese östlich der Theodor-Heuss-Brücke mit den alten Vereinsräumen des Heidelberger Ruderklubs, der 1872 gegründet wurde (knapp 20 Jahre nach der Gründung kam die Rugby-Abteilung des Vereins hinzu – heute ist die HRK der älteste Rugby Verein Deutschlands!). Oberhalb des flachen Baus mit den fünf Toren, hinter denen die Boote der Ruderer lagern, erhebt sich die Albert-Ueberle-Straße hinauf zum Philosophenweg.

Befahren
des Gehwegs
verboten
Bruchgefahr

Die Neuenheimer Landstraße

Die Neuenheimer Landstraße mit der Alten Brücke im Hintergrund wirkt in den 50er-Jahren wie eine ländliche Dorfstraße.

Die Bewohner der Neuenheimer Landstraße, die Häuser stehen oberhalb und sind auf diesem Foto daher nicht zu sehen, genießen den nahezu gleichen herrlichen Blick auf Stadt und Schloss, den Matthäus Merian 1620 in seinem berühmten Kupferstich mit Blick vom Philosophenweg aus festgehalten hat.

Größer, schöner, breiter ...

Ende der 50er-Jahre begann man mit der Verbreiterung der Neuenheimer Landstraße auf der ganzen Strecke bis zur Alten Brücke. Unten im Bild der Leinpfad entlang des Neckarufers.

1957/1958

Die alte Oberbürgermeistervilla

Dieses Anwesen in der Neuenheimer Landstraße 20 war bis 1958 die Dienstwohnung des damaligen Oberbürgermeisters Dr. Carl Neinhaus. 1967 verkaufte die Stadt das Gebäude, in dem für kurze Zeit das Institut für Sozial- und Arbeitsmedizin untergebracht war. Nach dem Abriss entstand zu Beginn der 1970er-Jahre an gleicher Stelle ein terrassenförmiger Neubau mit Wohnungen und Büroräumen.

1954

Der Brückenkopf

Rechter Hand führt die Theodor-Heuss-Brücke vom Bismarckplatz kommend über den Neckar in die Brückenstraße. Der „Brückenkopf" hat sich seit der Aufnahme dieses Fotos jedoch einschneidend verändert. Das alteingesessene Heidelberger Modegeschäft Knörr & Räuber, hier die Damenabteilung im rechten Teil des Bildes, und die „Argonauten" links daneben findet man im Neubaukomplex nicht mehr wieder.

1989

Wieblingen

Mit ungefähr 3,5 km Länge zieht sich der Heidelberger Stadtteil Wieblingen (1920 eingemeindet) am westlichen Neckarufer entlang. In früheren Zeiten bestimmten die reichhaltigen Fischgründe des Neckars das Leben und Arbeiten der Wieblinger. Noch zu Beginn des 20. Jahrhunderts fingen die Fischer Lachse, Barsche, Forellen, Zander, Aale und anderes Flussgetier. Der Neckar, der „wilde Geselle", brachte den Wieblingern jedoch nicht nur Gutes, sondern auch immer wieder verheerende Hochwasser. 1925 begann man mit der Kanalisierung des Neckars, die Wieblingen eines der schönsten Naturschutzgebiete bescherte, die im Heidelberger Raum zu finden sind: den Alt-Neckar.

Um 1958

Blick von der Neckarinsel

Blickte man in den 50er-Jahren von der Handschuhsheimer Seite der Neckarinsel nach Wieblingen, sah man die Helmreich'sche Fabrik. 1840 von dem Wieblinger Müller Wilhelm Helmreich im Anschluss an seine Mühle gegründet, gab sie vielen Wieblingern über 140 Jahre hinweg Arbeit und Brot. Da in erster Linie Nägel hergestellt wurden, wurde sie im Volksmund „Nagglzwick" genannt. Ganz rechts sieht man hier die Drahtzieherei (dünn), dann die Glüherei, im Anschluss die Drahtzieherei (grob) und über der Verzinkerei im niedrigen Gebäude das Wohn- und Verwaltungshaus an der Wundtstraße. Links außen folgen die Stiftemacherei und die Mühle. 1982 wurde alles abgerissen und an gleicher Stelle Reihenhäuser errichtet.

Die Schwarze Brücke

Die Schwarze Brücke stand, wenn man es genau nimmt, auf Bergheimer Gemarkung. 1905 wurde sie erbaut, brach unglücklicherweise während der Bauarbeiten zusammen, wurde dann aber doch zu einer der wichtigsten Neckarquerungen der regionalen Oberrheinischen Eisenbahngesellschaft (OEG) und der „richtigen" Bahn. Ihre Besonderheit war, dass ihr Gleiskörper über drei Schienen verfügte und so vom jeweiligen Zug genutzt werden konnte. 1970 wurde sie abgerissen.

Die Zerstörung der Schwarzen Brücke

Heidelberg, das von den Zerstörungen des Zweiten Weltkrieges weitgehend verschont blieb, erhielt einen der wenigen Treffern auf die Bahntrassen der Schwarzen Brücke und zeitgleich auf den am Handschuhsheimer Ufer liegenden Zoo. Die Brücke wurde nach dem Krieg nicht wieder aufgebaut. Im Hintergrund sind Altstadt, Schloss und Königstuhl zu erkennen.

Festtagsumzug in Wieblingen

Anlässlich des 70-jährigen Bestehens des Wieblinger Turn- und Sportvereins (TSV) führte ein Festzug durch die Mannheimer Straße vorbei am „fränkischen Treiberhof" auf der rechten Straßenseite. Rund um den Innenhof stehen Wohnhaus, Scheune und Schuppen, geschlossen durch ein Tor. Der große Baum (Bildmitte rechts) wurde im selben Jahr gefällt und ein Gebäude errichtet, in das die Kreuz-Apotheke einzog.

Um 1957

Die Mannheimer Straße

Ab 1926 verband die Straßenbahn Wieblingen mit Heidelberg und wurde ab 1933 mit der Neckargemünder Linie zur „Neckartalbahn" zusammengelegt. Bis 1966 führte die Strecke der Bahn durch die enge Mannheimer Straße, dann wurden die Straßenbahnen durch Busse ersetzt.

Um 1960

Wieblingen von oben

Um 1970

Aufgenommen wurde dieses Bild vom Turm der neuen katholischen Kirche. Im vorderen linken Teil sieht man das freie Gelände des damals schon abgerissenen Hauses Breivogel, vorn rechts die Turnhalle. Links hinten im Bild ragt der spitze Turm der evangelischen Kreuzkirche hervor, weiter vorn rechts der Turm der alten katholischen Kirche. Rechts vom Park erkennt man zuerst den Schlossturm und gleich daneben den Turm der sogenannten Schlosskapelle oder Thaddenkapelle.

Handschuhsheim

Hendesse, so heißt dieser Stadtteil nun einmal, da beißt die Maus keinen Faden ab! Die Handschuhsheimer lieben ihren Ort, der 1903 als zweiter Stadtteil nach Neuenheim zu Heidelberg hin eingemeindet wurde. Mittendrin, also im Herzen von Handschuhsheim, steht die Tiefburg, eine Wasserburg. Der liebe Gott hat es gut gemeint mit Handschuhsheim: An den westlichen Ausläufern des Odenwaldes gelegen, blickt man von den Berghängen oder vom Heiligenberg mit seiner an die 2500-jährigen Geschichte weit hinaus in die Rheinebene und erkennt an klaren Tagen die Zinnen des Speyerer Doms und die Züge der Haardt entlang der Deutschen Weinstraße.

Fruchtbare Felder erstrecken sich bis an den Neckar, und direkt unterhalb des Berges schmiegt sich der Ort mit seinen Gärten und alten Gassen an jene Hänge, die im Frühjahr die Menschen mit ihren ersten Blüten erfreuen.

Es ist schon „arg schä" in diesem Hendesse!

Die Tiefburg

Der Blick vom Turm der evangelischen Friedenskirche zeigt die Tiefburg noch vor dem Ausbau des Innenhofes. Im Hintergrund sind ein kleiner Teil des Grahamparks und das Handschuhsheimer Schlösschen zu sehen, dessen Orangerie zu einem Fest- und Vortragssaal umgebaut wurde.

1970

Tiefburgumrundung

Die „Bembel" der Linie 2 hatte, aus Heidelberg kommend, an der Tiefburg, die sie umrundete, ihren Endpunkt. Übrigens: Den Christbaumverkauf gibt es heute noch, allerdings hat man ihn in den Innenhof verlegt, da der Platz vor der Burg für Parkplätze benötigt wird.

Die Mühltalstraße

Aus mehreren Quellen des Siebenmühlentals, in dem im 19. Jahrhundert noch genauso viele Mühlen klapperten, entspringt der Mühlbach und floss bis 1967 offen durch die Mühltalstraße bis zur Amselgasse, tauchte beim Wiesenweg wieder auf, um dann bei Ladenburg schließlich in den Neckar zu münden.

Um 1965

1965

Der Ritter Hans von Handschuhsheim

Die 1200-Jahrfeier bot den „Hendsemern" Gelegenheit, die erste urkundliche Erwähnung ihres Stadtteils so richtig ausführlich zu begehen und zu feiern. Der Festzug zog sich durch viele Straßen des Ortes, hier die Kreuzung Hans-Thoma-Platz Ecke Dossenheimer Landstraße. Allen voran der Ritter Hans von Handschuhsheim, der Letzte seines Geschlechts, mit seinem Knappen und Gefolge.

Frühling in Hendesse

Der sonntägliche Spaziergang über den Dossenheimer Weg ist seit jeher eine lieb gewonnene Tradition der Handschuhsheimer. Oberhalb der Bergstraße, der schon bei den Römern bekannten „strata montana", schlängeln sich liebliche Spazierwege mit angrenzenden Gärten und Obstbäumen, deren Blüten oftmals als Erste in ganz Deutschland den Frühling ankündigen.

Um 1940

1965

Stammtischrunde

Ausgiebig gefeiert wurde natürlich auch an diversen Stammtischen, wie an dem in der „Goldenen Rose", die leider vor wenigen Jahren ihre Pforten für immer schloss. Als Dritten von rechts mit dem großen „Haffe" in der Hand sieht man Theo Miltner, den Gründer der legendären Olex und späteren Aral-Tankstelle in der Dossenheimer Landstraße.

Ziegelhausen und Schlierbach

Mit Ziegelhausen wurde 1975 die letzte „auswärtige" Ortschaft zu Heidelberg eingemeindet. Als Luftkurort knapp fünf km flussaufwärts am Neckarufer gelegen, war Ziegelhausen schon immer ein Idyll außerhalb der Stadt. Die Lage des Ortes am Neckar bescherte den Ziegelhäusern einen wichtigen Broterwerb: die Wäscherei. Das klare Wasser des Mausbachs und des Steinbachs und die breiten Neckarwiesen boten die idealen Voraussetzungen für dieses Gewerbe, welches seinen Höhepunkt Ende der 1930er-Jahre mit 230 Betrieben hatte. Die Ziegelhäuser Wäscherinnen fuhren bis nach Mannheim hin, um die wohlhabende Kundschaft zu bedienen.

Auf der südlichen Neckarseite, gegenüber Ziegelhausen, unterhalb des steilen Nordosthanges des Königstuhls, liegt Schlierbach. 1919 wurde in diesem Stadtteil die Orthopädische Klinik eröffnet. Über den mitten durch den Wald führenden Schlosswolfsbrunnenweg gelangt man vorbei an beeindruckenden Villen an den östlichen Teil des Heidelberger Schlossgartens.

Welch lieblicher Blick

Die ganze Pracht Heidelbergs mit dem Austritt des Neckars in die Rheinebene entfaltet sich beim Blick von den Streuobstwiesen westlich Stift Neuburgs in Ziegelhausen auf die Stadt. Im Hintergrund sind ganz deutlich das Wehr auf Höhe der Hirschgasse, die Alte Brücke und die Friedrichs – bzw. spätere Theodor-Heuss-Brücke zu erkennen.

Um 1950

Die Bleichwiesen

Hätte es ihn damals schon gegeben, der „Weiße Riese" hätte Ziegelhausen als Heimat erkoren! Auf unzähligen Leinen flatterte frisch gewaschene duftende Wäsche im Wind, und nicht von ungefähr wurden die Ziegelhäuser die „Bleichsüchtigen" genannt und der Ort liebevoll als Waschküche der Umgebung bezeichnet.

Schwein gehabt!

Der Junge mit dem Glücksschwein lief dem Fotografen der Rhein-Neckar-Zeitung geradezu vor die Linse. Dokumentiert werden sollte die Idylle der „Gänsepromenade", die am Ziegelhäuser Neckarufer herrschte, bevor die Landesstraße 534 ausgebaut wurde.

Den Neckar flussaufwärts

Einer der letzten Betreiber einer Fabrik auf dem Gelände am Fuße des Bärenbachtals war die Schokoladenfabrik Haaf, auf dem Foto von der Schlierbacher Seite aus betrachtet. Bereits nach dem Pfälzisch-Orléanschen Erbfolgekrieg war an dieser Stelle die Errichtung einer Sägemühle geplant, zu der es aber nie kam. Das Ufergelände wurde in den folgenden Jahrhunderten unter anderem für eine Öl- und Gipsmühle genutzt, 1888 entstand die Gelatinefabrik Stoeß, die 1930 nach Eberbach umzog. Anstelle der Fabrikhallen befindet sich dort heute ein Wohnpark.

Die Haaf-Schokoladenfabrik

Am Ende des Bärenbachtals, von der Kleinge-
münder Straße aus betrachtet, blickt man auf die
alte Schokoladenfabrik, die 1970 ihre Produktion
eingestellt hat. Noch Jahre danach erinnerte der
Schriftzug an die Fabrikation, wenn auch das Gebäude verfiel.

Das Parkhotel Haarlass

Um 1985

Blick von der Schlierbacher Landstraße auf das ehemalige Parkhotel Haarlass mit seinem berühmten Speisesaal und der großen Glasfront zum Neckar. In den 1920er-Jahren wurde das auf dem Gelände der ehemaligen Ziegelei befindliche Wirtshaus zu einem „Hotel ersten Ranges" erhoben.

In den 1930er-Jahren gründete der Regisseur Walter Jensen gemeinsam mit arbeitslosen Schauspielern ein Freilichttheater, in dem auf dem Haarlass-Gelände unter anderem Stücke von Hans Sachs und Carl Zuckmayer aufgeführt wurden.

Kloster Stift Neuburg

1958

Im Sommer des Jahres 1958 wird die Klosterkirche von Stift Neuburg um den Altarraum, wie wir ihn heute kennen, erweitert und 1960 eingeweiht.

Die Orthopädie

Die Stiftung Orthopädische Klinik der Universität Heidelberg, deren Grundstein 1918 gelegt wurde. Unterhalb der „Orthopädie" erkennt man am rechten Rand des Bildes die Neckarschleuse, die irreführenderweise als „Neckargemünder Schleuse" bezeichnet wird.

Weitere Bücher aus dem Wartberg Verlag für Ihre Region

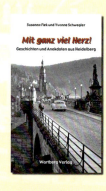

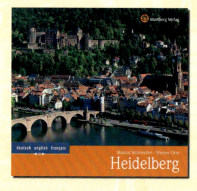

Wartberg Verlag GmbH & Co. KG

Im Wiesental 1 | 34281 Gudensberg

www.wartberg-verlag.de

Bücher für Deutschlands Städte und Regionen

Tel. 05603-93050 | Fax 05603-930528

www.kindheitundjugend.de